Karl R.W Uschner

Die Fee von Heidelberg

Festspiel in drei Aufzügen

Karl R.W Uschner

Die Fee von Heidelberg
Festspiel in drei Aufzügen

ISBN/EAN: 9783743632783

Hergestellt in Europa, USA, Kanada, Australien, Japan

Cover: Foto ©Thomas Meinert / pixelio.de

Weitere Bücher finden Sie auf **www.hansebooks.com**

Die

Fee von Heidelberg.

Festspiel

in drei Aufzügen

von

K. R. W. Uschner.

Zur 500jährigen Jubelfeier der Universität Heidelberg.

Heidelberg.
Carl Winter's Universitätsbuchhandlung.
1886.

Personen:

Albrich, der Elfenkönig,
See Heilbergis, seine Tochter,
Blanka, Gesellschaftsdame,
Druide,
Waldelfe,
Wiesenelfe,
I., II., III. Nixe,
Student aus 1386,
„   „   1486,
„   „   1586,
„   „   1686,
„   „   1786,
Ein Zwerg,
Rittersporn und Lindenblüt
    (dienende Elfen),
Zwerge, fünf Balldamen, drei
    Fluß- und drei Berggeister,
    Charakter-Masken,
} Geister.

Flammant, alter Herr,
Vormerk, activer Student,
Eine alte und eine junge Dame.

    Zeit: Jubeltag 1886.
    Scene: in Heidelberg.

Act I.

Am Neckarufer unterm Schloßberge.

(Blick über das Waſſer auf die Kirſchgaſſe zu, im Vordergrunde links eine Terrainerhöhung mit alten Bäumen, rechts ein unſcheinbares Parkthor.)

———•———

Scene 1.

Zwei Elfen und drei Nixen, (ſpäter) der Druide.

Waldelfe.	Schau, wie ſchaarenweis ſie kommen.
Wiefenelfe.	Will ein Wonnefeſt heut werden!
I. Nixe.	Dort die hübſchen Burſchen mit den Goldbeſtickten kleinen Käppchen.
II. Nixe.	Dort dazu die Damen mit den Übergroßen Krempenhüten.
III. Nixe.	Und mit Küraß und mit Aufpauſch.
I. Nixe.	Ei das ſind corsets, tournure Und veredeln die Figuren.
III. Nixe.	Das verunziert die Geſtalten!
I. Nixe.	Erſt verſuchen, dann verwerfen.
Wiefenelfe.	Streitet nicht um windverwehte Seifenblaſen des Geſchmacks.
II. Nixe.	Iſt wohl wahr.
I. Nixe.	Wir ſteigen aber Mehr hinauf.

Waldelfe. Wir dürfen leider
Unsern Bannkreis nicht verlassen,
Den der Elfenfürst gezogen.
III. Nixe. Allzu streng ist unser Herrscher.
I. Nixe. Ihn umwohnt in seinen Höhen
Lange Weile, die macht wirrisch.
II. Nixe. Freilich wohl.
Waldelfe. Da ist er schon!

(Es huschen die Elfen rechtshin ins Gebüsch, die Nixen links ins Schilf; sie flüstern weiter.)

Wiesenelfe. Von den Schwänen hergetragen
In dem Muschelwagen kommt er.
II. Nixe. Wird uns kaum heut Freipaß geben,
Wie bei frühern Festen fünfmal.
I. Nixe. Alle hundert Jahr' nur einmal
Sollt' er füglich gnädig sein.
Die Elfen. Damals half uns der Druide.
II. Nixe. Ist in hoher Gunst beim König,
III. Nixe. Will ihn streicheln und umschmeicheln,
Und der stimmt ihn sicher mild.

(Tritt näher, huscht aber wieder ab.)

I. Nixe. Ich versuch' es. (Tritt an die Bäume, klopft dort.)
III. Nixe. Nicht so laut doch!
I. Nixe. Laß nur; Meister, guter Meister!

(Sie klopft noch stärker, der Druide tritt hinter den Bäumen hervor.)

Druide. Wer denn stört mich da?
I. Nixe. Der König!
Und o Meister, stimm' ihn mild! (Huscht weg.)

Scene 2.

Dieselben, Albrich, der Elfenfürst, fährt herab von rechts, den Wagen
  lenken die Elfen Rittersporn und Lindenblüt.

Die Nixen. Heil dir, Geisterfürst!
Die Elfen. Willkommen
  Hier im Heidelberger Gaue!
Albrich. Meinen Gegengruß; doch sollt Jhr
  — Jhr im Schilf und Jhr im Busche —
  Jn dem Bann bescheiden bleiben,
  Bis ich ihn gelöst.
(Alle fünf huschen zurück, der Druide ist an den Wagen getreten.)
  Gut Heil auch
  Dir, Druide; nun, was meinst Du?
(Albrich erhebt sich, von Rittersporn und Lindenblüt gestützt.)
  Wie mit jeglichem Jahrhundert
  Hier der Wirrwarr sich verdichtet!
  Dieser staubentsproß'nen Menschen
  Seltsamkeiten und Geberdung!
  Männer, Greise, Jüngling, Jungfer,
  Weib, Matrone, Kind und Enkel
  Aufgeputzt, vermummt, sodaß man
  Kaum der Arten Sinn enträthselt,
  Pah! Doch Eintagsfliegen all'!
Druide. Will mein Fürst nicht näher hinschau'n?
Albrich. Sage mir vorerst, Druide,
  Der Du gern die Welt begrübelst
  Schon seit moosbewachs'nen Zeiten,
  Ob es sich denn lohnt, dem Bilde
  Näher einen Blick zu schenken.

Druide.   Wohl, Du Geisterfürst, es lohnt sich,
           Auszusteigen und dem Bilde
           Näher einen Blick zu schenken.
Albrich.   Tret' ich denn auf Deine Warte;
           Magst mich aber stützen, denn ich
           Fühle mich gar schwach.
           (Druide geleitet ihn auf die Höhe links.)
                                      So geht es.
Druide.   Nun, mein Fürst?
Albrich.   Ei wirklich, weithin
           Über Land und Wasser beut sich
           Hier der Rundblick. Buntes Treiben —
               (setzt sich auf eine Moosbank)
           Neu sind aber nur die Trachten,
           Nicht das Trachten all der Menschen,
           Denn seit je find' ich dasselbe
           Schauspiel in dem Erdentreiben:
           Gier und Neid und Vortheilspinnen
           — Und was sonst für Eitelkeiten —
           Sind die Triebkraft; und die Großen
           Sind von Kleingebornen einzig
           Durch verweg'nere Gelüste,
           Stärk're Mittel und Gefolgschaft
           Unterschieden; denn zufrieden
           Mit den dargereichten Gaben
           Der Natur sind nie die Menschen,
           Bringen sich in ihrem kurzen
           Dasein um den Tagsgenuß.

Wir jedoch, die Elfengeister,
In dem Heim der Elemente
Weilen wunschlos wie von Anfang
Unverändert, doch begnügt.
Es verdrießt mich nur das Eine,
Daß mein liebes Kind Heilbergis
Sich von unsrer Stammgewohnheit
Loslöst und dem Trachten nachgeht
Solcher kleinlichen Geschöpfe.
Freilich, mit dem Patronate
Dieser Heidelberger Hochschul'
Hab ich sie belehnt am Anfang,
Aber ach, das Spielzeug hat sie
Gar beschwert mit ernsten Sorgen,
Müh'n und Vorbereiten, daß sie
— Ungern merk' ich das — versäumte,
Ihr Willkommen mir zu bieten,
Ihrem königlichen Vater.
Doch beschränken will ich künftig
Die ihr vollgewährte Freiheit
Steten Umgangs mit den Menschen,
Sag' ihr das, ich fahre weiter!

(Der Wagen fährt vor, Albrich von Rittersp. und Lindenbl. unterstützt,
steigt vom Hügel herab, Druide folgt.)

Druide. Hoher Geisterfürst, sofern mir
Gegenrede noch gestattet,
Möcht' ich mir ein Wort erlauben,
Das zugleich Hochdero Tochter,

Unsrer See Heilbergis' Trachten
Aufklärt' und beschönigte.

Albrich. (vom Einsteigen ablassend.) Was denn? Was denn?
Alter Meister,
Bin begierig, laß nur hören,
Weiß doch, daß Dein Rath sich herschreibt
Aus der treuesten Gesinnung
Gleichwie tiefstem Weisheitsborne,
Also rede!

Druide. Fürstgebieter,
Was zunächst den Daseins-Schwerpunkt
In dem ew'gen Weltgetriebe
Anbelangt, so gilt der Grundsatz:
„Nur im Wandel ist Bestehen."

Albrich. Wie denn, Meister, das ist dunkel!

Druide. Also, Fürstgebieter, gilt es:
Leben ist Vergeh'n und Werden,
Aber was sich dem entgegen
Festsetzt, ohne Weitertreiben,
Das ist zukunftslos und todt.
So dahier das Jubiliren,
Unruhvolles Lustbegehren,
Das die Menschen hin und hertreibt
Auf dem Wasser, auf dem Lande,
Das ist Leben voller Triebkraft;
Aber unsrer Geistersippe
Abgeschied'nes Ruhewalten
Gleicht dem stillen Schollentreiben,

— Nach dem Eisgang zieht's stromabwärts
In das Meer.
Albrich. Und löst sich dort?
Druide. Endlich freilich. —
Albrich. Nicht mehr lange
Dauert es, Du Sternbeluker,
Daß für uns das Endlich dämmert,
Denn ich fühl' es in mir selbst.
Druide. Weiter rüstig, Elfenkönig,
Laß mich den Gedanken spinnen:
Solchem wirren Menschentreiben
Liegt ein stetes Ziel zugrunde,
Das in stufenweisem Fortschritt
Durch Jahrhunderte bemerkbar.
Doch die Werkstatt der Entwicklung
Ist die Hochschul', deren Garten
Zeitgeists beste Blüthen bringt.
Wolle drum der holden Tochter
See Heilbergis nicht verargen
Ihr Bemüh'n um diesen Tempel,
Deß Patronin sie seit Anfang,
Der seither so segenbringend
Für das Erdenthal geworden,
Auch den Schein des Zukunftsglückes
Auf sie selbst zurückgestrahlt.
Sieh', da kommt sie; straft sie Lügen
Meine Worte, dann . . .
Albrich. Mit nichten

Straft sie Lügen Deine Worte;
Denn der Schein des Zukunftsglückes
Ist auf sie zurückgestrahlt.

Scene 5.

Dieselben, Heilbergis (als See, schmucklos, leicht geschürzt).

Albrich. Da, wie strahlend! Süße Tochter, (H. tritt auf)
Sonnenhelles Kind, Heilbergis,
Blaue Blume der Romantik,
Schutzpatronin der Scholaren!

Heilbergis. Hoher Vater, Elfenkönig,
Sei willkommen, und Vergebung (beugt das Knie)
Für mein spätes Hiersein, denn ich
Ahnte nicht —

Albrich. Nun freilich, wollt' es
Selbst nicht glauben, daß so wichtig
Diese Feier, hielt nur eben
Im Vorüberfahren, aber
Unser hochberedter Meister
Hat des Bess'ren mich belehrt.

Heilbergis. (zum Dr.) Dank Dir, hochberedter Meister!

Albrich. Ja doch — (zu den Nixen und Elfen) dürft nun
näher treten
Und begrüßen meine Tochter
Heut an ihrem Ehrentage.

Die Nixen. Heil an Deinem Ehrentage!
Die Elfen. Heil Dir, See von Heidelberg!
Albrich. Gut denn, sollt auch sämmtlich, Elfen,

                  Nixenvolk, die Festzeit über
                  Frei vom Banne sein und dürft Euch
                  In den Menschenjubel mischen;
                  (laut rufend) Auch den sämmtlichen Verblich'nen
                  Lös' ich heut den Grabesbann!
Geisterstimmen. Dank und Heil dir, Geisterkönig!
Albrich.   Aber tretet nun zurück.
                  (Die Nixen und Elfen treten zurück.)
                  Hast wohl viel schon angeordnet,
                  Und viel mehr noch herzustellen?
                  Bist ja selbst noch gar nicht fertig
                  Angethan zu großem Staate,
                  Diadem mit blauem Lichte,
                  Epheumantel, Schmuckwerk; gehst noch
                  Leichtgeschürzt einher. Du kommst wohl
                  Weit daher auf schnellbeschwingten
                  Möwenflügeln der Sandalen,
                  Hast das Haar noch eingeflochten; (liebkost sie)
                  Sollst es aufgelöst mir tragen,
                  Seh' dich lieber lockenwirr.
Heilbergis. Soviel Huld, mein Fürst und Vater!
                  Und wie Sonnenschein die Blumen
                  Aus dem Erdengrund hervorruft,
                  Also lockt auch Deine Gnade
                  Einen ganzen Lenz von Bitten
                  Mir vom Herzen.
Albrich.   Sprich doch, Liebling;
                  Brauchst bestimmt zu Festes Aufputz

               Mancherlei, so Luft und Feuer,
               Erd' und Wasser birgt, als Beirat.
               Die geschäft'gen Wichtelmännchen,
               Schabengeister mit den Fackeln,
               Koboldspuk der Spaßbereiter,
               Die mit Höckerlein und Bäuchlein,
               Sollst sie haben.

Heilbergis.   Und wofern ich
               Meinem Dank noch eine Bitte
               Beizufügen wagte?

Albrich.   Nun, so
               Wag' es nur.

Heilbergis.   Es sei die Bitte,
               Hoher Vater, Dich zu diesem
               Jubelfest herbeizulassen
               Zu geruhen.

Albrich.   Gut, ich komme;
               Und gewähre Dir dazu noch
               Als die besten Festgehilfen
               Meine beiden Leibtrabanten
               Rittersporn und Lindenblüte.
               Kommt mit Euren Weihgefäßen,
               Füllt sie voll mit duft'ger Spende,
               Du mit Deinem Feuertranke
               Der Begeisterung entzündet,
               Du mit Deinem linden Balsam,
               Der die Toblust niederhält.

       (Rittersporn und Lindenblüt treten zu Heilbergis,
              Druide tritt zu Albrich.)

Heilbergis. O, woher find' ich ein würd'ges
Danken!

Albrich. Laß nur, Kind, und sollst nun
Weiter nicht mit Anstaltsmühen
Dich beschweren, das vielmehr den
Dienstgesinden überlassen,
Nur der Festlust Dich ergeben
Und gemächlich zum Empfange
Deiner Gäste Dich bereiten.
Ich nach meiner Rundfahrt werde
Beim Beginn des Festes da sein:
Bringe noch als Festgefährten
Aus dem lieben Lehnsverbande
Gäste mit, auf daß Du's wissest.
Auf denn! Und begleite Du mich,
Meister, wir besprechen näher
Mancherlei; auf Wiedersehn!

(Die Nixen und Elsen treten näher, Alles vereinigt sich. Albrich und
Druide ab.)

Heilbergis. Ja! Jetzt wird das Fest gelingen!
Seht doch, Elfen, seht doch, Nixen,
Wie das Menschentreiben herdrängt
Rings am Ufer, auf der Brücke,
Laßt euch denn der Augenweide
Nicht entziehen; möchte mit Euch,
Doch mich zwingt noch Tageswerk.
Rittersporn und Lindenblüt,
Seid willkommen mir zu Diensten;

Rufet bald mir die Chargirten
Der verwich'nen Feste (wißt doch?)
Zur Repräsentantentafel.
(Rittersporn und Lindenblüt verneigen sich und ab.)
Und da bringt mir meine Blanka
Wicht'ge Botschaft aus der Stadt.
Doch beim Festbeginne seid Ihr
Allesammt bei mir im Schlosse!
(weist nach dem Thore).
Elfen u. Nixen. Dank Dir, hohe Königstochter,
Folgen deiner Ladung gern!
(Die Nixen und Elfen ab.)

Scene 4.

Heilbergis und Blanka (ihre Gesellschaftsdame, als Blumenmädchen verkleidet, von links auftretend).

Heilbergis. Du, Blanka, was wir alles für das Fest gewonnen! Vater ist dabei, er löst den Geisterbann, befiehlt die Mühen all den Heinzelmännchen an, und uns bleibt nichts als Festluft.

Blanka. Süße Herrin! das ist ja himmlisch, einzig, feenhaft!

Heilbergis. Nicht wahr? Und wie Du strahlst, du Blumenelfe, auch fast schon leer Dein Körbchen?

Blanka. Unzählige Sträußlein vertheilt an Festgenossen, auserwählte.

Heilbergis. An wen? Erzähle doch.
(Setzt sich ins Gras, zieht sie mit.)

Blanka. Also: am uralten Kastanienbaume posto fassend bot ich Blumenspenden aus —

Heilbergis. Zuerst, Blanka, wen traffst Du von meinen Chargirten, denn es drängt, zur Repräsentantentafel den Sechsten zu finden, die Fünf aus den verwichenen Jahrhunderten werden eben schon herbeigeholt und müssen bald da sein.

Blanka. (für sich) Mein Protegé soll Allen vorkommen. (laut) Zu allererst traf ich Herrn Vormerk.

Heilbergis. Er ist ein „Frühauf".

Blanka. Schon ganz im Sammet mit Seidenschärpe, Straußfederbarett, kurz, in vollem „Wichs".

Heilbergis. Tüchtig ist er, immer schnell zur Hand und zielbewußt, repräsentirt er ganz die heutige Zeit.

Blanka. Wirklich, er ist der beste Repräsentant, der schmuckste Kavalier aus'm großen Berlin und der schneidigste Fuchsmajor aus'm flotten Heidelberg.

Heilbergis. Burschenschafter ist er, Blanka.

Blanka. Den Burschen der Burschen möcht' ich ihn nennen; und nicht wahr, gütigste Herrin, nach der Repräsentantentafel die Kavotte darf ich mit ihm tanzen?

Heilbergis. Geduld doch; allzu keck und selbstbewußt tritt er auf, er könnte mein Tischhospiz mit Zank gefährden.

Blanka. Ach, aber ...
Heilbergis. Genug von ihm, und sage, wen Du noch von meinen Auserwählten traffst.
Blanka (unlustig). Aus den letzten 50 Jahren viele Hoch- und Wohlgeborene, manche würdenstolze und reichgewordene Herren.
Heilbergis. Frag' ich je nach solchen? Nicht Geburt und Erbschaft, Titel — so staubgebor'nes Launenspiel des Zufalls — gilt hier; doch wen von meinen Promovirten hast Du gesehn?
Blanka. Herrn Stieglitz, Halali, Gemander, Slammant und ...
Heilbergis. Herrn Slammant? Der
Ja war von allen andern auserwählt
Im Schwarme meiner Ritter aus dem Heer-
bann
Den ein Semester-Tausend hergestellt.
Blanka (für sich). Den zur Tafel ziehen und der etwa dann mein Kavottentänzer? Das sollte mir fehlen.
Heilbergis. — Aus inhaltsvoller Spätlings-Ära der Romantik, wo die Träumerei noch hochtrieb im Wogenschwall des Zeitenstromes —
Blanka. Theuerste Gebieterin, leider ist —
Heilbergis. Nun, was denn?
Blanka. Der Herr Slammant ist ...
Heilbergis. Ich will es wissen, was Du da verschweigst.

Blanka.	Ich wag' es kaum zu sagen, denn es ist das Schrecklichste — nun denn, er ist ein rechter (leise) Philister, Urpedant.
Veilbergis.	Blanka! (Sie steht auf, Bl. ebenso.)
Blanka.	Hohe See von Heidelberg, so ein recht verknöcherter Professor, grauköpfiger Geheimrath ist er geworden, und seine (nicht mehr minderjährige) Tochter ist eine Kokette, na! Und seine Frau erst! Ach du meine Güte, die zankt und keift in einem fort; das wäre schlimm für die Repräsentantentafel.
Veilbergis (abgewandt).	Pedant — mit Weib und Kind? — Ich sah Den Stammvant hier zuerst am Glücksthor Als flotten Goldfuchs und im Traume noch, Der seine Burschenzeit beschloß, da nahm Ich ihn in meine Ritterpflicht und — — zwar Darüber rauschten 40 Jahre hin — Ein Menschenalter — und den Erdball Beeinflußt schon jedweder Mondeswechsel!
Blanka (herzutretend).	Holde See, Um Sterbliche sich schwer bekümmern? Nein, Die taugen nur zu leichtem Tändelspiel Für uns, die höheren Wesen; ich ja bin Zwar Seen-Gesellschaftsdame nur, jedoch Von Elfenart und ew'ger Jugendblüte, Nicht wahr, Du holdeste Gebieterin?

Heilbergis. Wir Seenwesen sind in unsrer Art
Wohl zeitlos, überdauern Tagesfalter;
Ein Mensch jedoch ist unsrer Thräne werth,
Wenn er — deß Hochflug herzentzückend war —
Nun schmelzberaubt, entstellt am Boden liegt.
(für sich) Wie träumt ich mir das Wiederfinden
— ach
In meinem wandellosen Seenherzen —
Mit diesem Slammant! — — Da, da ist er
und . . .
Blanka (heimlich). Ein Glück nur, daß sein Weib und Kind dabei,
Die schließen ihn aus unsrem Reigen aus!

Scene 5.

Dieselben; (hinter der Scene:) Slammant, eine alte und eine junge Dame; ferner ein Zwerg.

Alte Dame. Alles viel zu „romantisch", mein Lieber, und Du möchtest nun endlich von Deinem Versunkensein ablassen, Dich zum praktischen Geschäfte wenden, nämlich das Programm machen zur Ausnutzung des Tages; vorweg aber müssen wir aus dieser Einöde und Trümmerwelt in den modernen Schauplatz zurück!

Slammant. Nimm es mir nicht übel, Schwester, wenn ich mich ausschließe.

Alte Dame. Wie denn das? In der Stadt warten schon alle, der GeheimeOberbergrath, Legationsraths,

	Präsidents und die ganze notable Gesellschaft, mit der wir doch zusammenhalten wollen?
Flammant.	Ich bedarf in Heidelberg der Einsamkeit.
Junge Dame.	Aber Onkel!
Alte Dame.	Welche Marotten, Ernst, Du bist wieder ...
Flammant (heftig).	Genug! Ein jeder frischweg seiner Neigung nach, Ihr dort, ich hier.
Alte Dame.	Komm', Louischen, sprich nicht erst, Dein Onkel muß ja doch immer das letzte Wort haben. (Es wird still.)
Heilbergis (triumphirend).	Blanka, Du hast dich sehr geirrt! Die „Stimme" spricht für ihn; nur schnell maskirt, will ihn näher auskundschaften! (geht an das Thor) Thorfey, bist Du wach?
	(Aus dem Mauerloch guckt ein Zwerg, der spricht mit kreischender Stimme.)
Zwerg.	Ja, hohe See, und ich halte in der einen Hand das Epheugeschlinge, in der anderen das Tuschgeklingel.
Heilbergis.	Gut, gut. (Ab durch das Thor unter Lachen, der Zwerg zieht sich zurück.)

Scene 6.

Blanka allein.

Blanka.	All meine Chancen sind hin! Flammant avancirt im Sturmschritt auf das Glücksthor, sein

Anhang verläßt ihn, der sich als Schwester und Nichte entpuppte, ach oh! so daß ich die besten Bundesgenossinnen verlor; Vormerk ist aber weit zurück; so kommt ihm wirklich dieser Protegirte zuvor; und ich stehe mit meiner verlorenen Karte da.

Aber ich wage noch das tollkühnste Spiel, wenn ich den Treff-Wenzel abhebe. (Geht an das Thor.)

Thorferchen! Höre mal, sprich jedoch kein Wort, denn deine Stimme ist rauh und zügel= los und taugt nicht zu heimlicher Verständigung; antworte mir also mit Nicken und Kopf= schütteln. Siehst Du das güldene Schlüsselchen? Ja — kennst es auch? Es macht den Speise= schrank auf, richtig — weißt auch, daß die Speisekammer jetzt grad' zum Feste übervoll ist von Delikatessen und was für welchen! Freilich — und Du bist ein rechtes Lecker= mäulchen — nein? O schade, da kann ich Dich nicht brauchen, denn ich wollte Dir den Schlüssel auf eine ganze halbe Stunde her= geben, wenn Du mir dagegen einen winzigen Gefallen thätest. Du willst? — vortrefflich! Aber gleich; also Du ziehst Deinen Zauber= schleier, das Epheugeschlinge, vor das Glücks= thor, bis der alte Herr vorbei ist. Ach, schäm' Dich, nicht doch ängstlich sein! Die See ist

oben, kann's unmöglich merken, und in ihrer
Großherzigkeit ist's ihr ja doch gleichgültig,
welcher von den verschiedenen Auserwählten
zuerst kommt und den Paradetusch davonträgt.
Du willst noch nicht? — nein? So verschlag'
sie Dir, alle Leckerbissen der Märchenwelt,
und kaue die Eichelmast der Wirklichkeit weiter!
(Wendet sich.) — — na also! Da, das Gold-
schlüsslein und nun an die Maschine! Ziehst
auch gleich dann wieder in die Höh', wenn
ich rufe „auf!" Aber schnell doch, der Be-
wußte ist schon ganz nah.

(Sie geht nach links, das Thor wird mit Epheu
zugedeckt.)

Grand heißt das Spiel!

Scene 7.

Blanka und Flammant.

Flammant (tritt auf von links).

Die Bergkontur allein noch blieb sich gleich,
Sonst alles umgewandelt; Häuser hoch
Und prunkvoll; der Gewerbefleiß auch hat
In dieses stille Thal sich eingenistet;
Fabrikgebäude mit dem langen Schlot;
Es faucht daraus und seufzt, und in den
      Frieden
Des Musenhaines dringt der Pulverrauch
Des großen Zeitenkrieges.

Blanka. Wie lange will der hier noch monologifiren? (räuspert sich) Euer Gnaden wünschen gewiß eine Auskunft.
Flammant. In der That, Sie freundliches Blumenmädchen; ich suche den Eingang zum Schloßberg; ein altes Parkthor stand doch hier wo?
Blanka. Das soll vor 40 Jahren gewesen sein, gnädiger Herr.
Flammant. Vor 30 Jahren war ich das letzte Mal hier und fand noch das Glücksthor.
Blanka. Ist eigentlich auch schon lange her, und in der Zeit ändert sich manches.
Flammant. Wohl wahr.
Blanka. Aber dort um die Ecke geht's gegenwärtig aus dieser Einöde zum Schloßberge hinauf.
Flammant (trübe). Ich danke (ab).
Blanka. Endlich fort. (ruft) Auf! (das Thor wird frei) Bravo, Thorfex; diese Thoröffnung kam so zu sagen noch grade vor Thorschluß.

Scene 8.

Blanka. Vormerk.

Vormerk (von links kommend). Heda! Sylphide, wo ist der Herr eben hingekommen?
Blanka. Welcher? wenn ich bitten darf.
Vormerk. Der Professor, Geheimrath.
Blanka. Deren sind heut unzählige hier.

Vormerk.	Der große, distinguirte mit noblem Vollbart...
Blanka.	Ich habe nur einen hageren, alten Herrn gesehen, und wo der hingekommen, ist mir ganz gleichgültig.
Vormerk.	Ei Jungfer „Kurzangebunden"; mit solchen zu „spazieren" ist „ehrenwerth und bringt Gewinn"; Elfenrose, Rosenelse, nicht ungut.
Blanka.	Bewahre, aber wenn es den Kavalier so fortzieht, dort rechts um die Ecke...
Vormerk.	So pikirt auf einmal? Und wohin ist das ganze Bouket von Liebreiz?
Blanka.	Boukets wären wohl noch im Korbe, und was für liebreizende!
Vormerk.	Ich für mein Theil zöge den korblosen Liebreiz vor.
Blanka.	So? I bewahre!
Vormerk.	Aber mir noch ein Sträußchen anbinden? Habe doch schon am Kastanienbaume das meinige erhalten.
Blanka (dringend).	Sie bekommen zwei, auch drei...
Vormerk.	Ei, Du zuvorkommendste aller Blumenspenderinnen.
Blanka (heimlich).	... Wenn Sie mir ohne Zögern durch das Thor folgen.
Vormerk.	— Das Glücksthor? Allzugern nur.

(Blanka eilt durch die Pforte, Vormerk ihr nach, bei seinem Eintritt wird eine Tuschmusik innen laut, Blanka macht die Gitterthür zu und schließt ab, beide ab nach oben.)

Scene 9.
Die beiden Elfen und drei Nixen (treten auf).

Wiesenelfe. War ein Tusch, der galt dem ersten
Angekommenen Chargirten.
Waldelfe. Muß von heutigen Studenten
Einer sein.
Wiesenelfe. Denn die verwich'nen,
Aus der Gruft herbeigeholten
Können aus der weiten Ferne
Kaum schon da sein, wenn auch windschnell
Sie das Flügelpferd daherträgt
Aus der Finsterniß zum Licht.
II. Nixe. Da noch einer, der dem Glücksthor
Zuzustreben scheint.
III. Nixe. Der Ärmste
Kommt verspätet, denn nur Einer
Ist zur Tafel ausersehen.
Wiesenelfe. Das hängt ab allein von unsrer
See Heilbergis' Gunst und Gnade.
Waldelfe. Vorzugswerth erscheint mir dieser;
I. Nixe. Zuversichtlich auch, gefällt mir!
II. Nixe. Aber so vergrant, verdüstert
Zum Erschrecken.
III. Nixe. Möchte niemals
Den zurückzuweisen wagen.
(Sie treten links hinter die Bäume zurück.)

Scene 10.

Flammant, (dann) Heilbergis.

Flammant (um die Ecke von rechts kommend).

Das Blumenmädchen hat mich falsch gewiesen,
Dort ist kein Zugang, lauter Steingeröll,
(er sieht sich um)
Ich finde mich dahier nicht aus nicht ein;
Wie ist mir denn — dahier das Glücksthor!
(er will hinein)
Verschlossen? Aufgemacht! Ich hab' ein Recht,
Sofern ein Phantasie-Besitz hier gilt
Und ein im Herzen stets gehegter Anspruch
Niemals verjähren kann!

(Er rüttelt an dem Gitter, die Nixen und Elfen flüchtend (ab). Heilbergis in modernem Sommerkleide eilt herbei an die Pforte und verbirgt sich dort unter Epheugebüsch.)

Heilbergis (mit verstellter Stimme). Der Herr wünscht Einlaß?
Flammant (ärgerlich). Allerdings!
Heilbergis. Die Eintrittskarte, bitte.
    Ich bin vom Komité hierhergestellt.
Flammant (böse). Ich bin ein alter Herr von Heidelberg.
Heilbergis. Dann freilich — (sie öffnet, verbirgt sich aber).
Flammant. Ehrenpforten groß und breit,
    Für jeden Zugelauf'nen aufgethan,
    Für uns das Glücksthor zu? Verkehrte
                    Wirthschaft!

(Er schreitet bei ihr vorbei durch das Thor, wobei die Tuschmusik laut wird.)

Beilbergis (mit unverstellter Stimme).
Pardon für unser Komité, wenn es
Gefehlt.
Flammant (sich wendend). Was für Musik war das?
Beilbergis (mit verstellter Stimme). Das Komité beehrt sich
Mit Tusch die Vorzugswerthen zu be-
grüßen.
Flammant. Ich meine nicht den Instrumentenschall,
Doch eine Geisterstimme hört' ich eben.
Beilbergis. Ja, Geister, heißt es, sind hier überall,
Es spukt ein wenig in dem alten Schlosse.
Doch darf ich Euer Gnaden nun hinauf
Geleiten?
Flammant. Danke, finde selbst den Weg.
(Wendet sich und nach oben ab.)
Beilbergis (aus dem Epheuversteck in die Pforte tretend).
Ein Körbchen! Korb! Ein riesengroßer Korb!
(Lacht laut auf.)
Ei, wüßt' er, wen er so zurückwies, würd'
er — —
Ja, weiß ich denn, ob er wie früher ist?
Fürwahr, galant ist Flammant nicht ge-
blieben.
Macht nichts, wenn er nur sonst der Einst'ge
blieb!
(Setzt den Strohhut auf, den sie tief ins Gesicht drückt.)
Das wird sich füglich oben noch erlauschen.
(Eilig ab.)

Scene II.

Die beiden Elfen, die drei Nixen, (dann) fünf Chargirte, Troß. (Die Elfen und Nixen im Reigen sich anfassend.)

Wiesenelfe. Spielt mit ihm die holde Sei,
Lacht ihn aus, versteckt sich.
Waldelfe. Doch verräth sich was dabei:
Was sich liebt, das neckt sich.
I. Nixe. Er jedoch hat nicht erkannt
All das Offenbare,
II. u. III. Nixe. Das ist Menschenunverstand
Noch im grauen Haare.

(Sie sind näher an das Thor avancirt, ziehen sich aber nach links zurück vor dem rechts um die Ecke auftauchenden Zuge: 5 Studenten in den historischen Trachten von 1300 bis 1700 in Mänteln, hinter jedem als Troß Zwerge mit Reisegepäck [komische Embleme des Studententhums], voran ein Zwerg mit Laterne.)

Wiesenelfe. Seht den sonderbaren Aufzug!
Waldelfe. Die Chargirten frührer Seste.
Und ihr Reisetroß dahinter.
Wiesenelfe. Zur Repräsentantentafel
Kommen die Herbeibeschied'nen.
III. Nixe. 1786.
II. Nixe. Mit Perrück' und Doktorhute.
I. Nixe. Ein verwöhnter feiner Junker.

(Sobald einer der Chargirten das Thor erreicht, wird ein Tusch laut.)

II. Nixe. Da, der pfälzische Bramarbas.
III. Nixe. 1686.
II. Nixe. Ein Magister gravitätisch.

III. Nixe.	1586.
II. Nixe.	1486.
I. Nixe.	Ist der Geck vom Wupperthale.
Waldelfe.	Aber der mit Veilchenaugen!
Wiesenelfe.	1386.
Waldelfe.	Und aus seinem Wesen schmachtet Unschuldsvoll ein Lilienbeet.
I. Nixe.	Mir ist eigentlich zu bartlos Dein Blondin von Hildesheim.

(Nachdem der Zug das Thor passirt hat, wird das Thor durch Epheu-gewucher wieder verdeckt.)

Lied der Nixen und Elfen.

Also wären mit dem Troß
Die Repräsentanten
Allesammt im Zauberschloß,
Frohe Pokulanten.
Nur wir arme Mägdelein
Müssen draußen bleiben,
Aber laßt uns rührig sein,
Uns die Zeit vertreiben!
(Sie tanzen.)

Act II.

Schloßzimmer in altdeutschem Prachtgeschmack.

Scene 1.

Heilbergis (in reicher altdeutscher Tracht am Spiegel), Blanka (in moderner Gesellschaftstoilette ist um sie beschäftigt).

Heilbergis. So harmonirt Kostüm und Scene.

Blanka. Und wie! Auch steht der Renaissancestaat meiner allgeliebtesten Gebieterin noch weit hoheitlicher als die moderne Robe von vorhin beim Chargirtenempfange.

Heilbergis. Schmeichlerin! Willst mich nur die Thorschluß-Affaire vergessen machen?

Blanka. Der Thorfex war daran schuld, muß mich mißverstanden haben.

Heilbergis. Laß gut sein, Blanka, vergeben ist's von ganzem Herzen und mehr, ich entbinde Dich für heut Deines Hofamts und Tagesdienstes — aus lauter Freude um — um —

Blanka. Herrn Slammants Erscheinen — und was muß ich alles diesem ausgezeichneten Herren abbitten, hinknieend will ich ihm sagen, daß er der vollgültigste Repräsentant seines Jahrhunderts ist!

Heilbergis. Du überschwenglicher Elfenmund! Slammant hat doch selbst die Anwartschaft bescheiden an den Jüngeren abgegeben, an ...

Blanka (verschämt). — den bildhübschen Herrn Vormerk. Ewig werd' ich Herrn Slammant darum preisen.

Heilbergis. So stimmt das Liebespärchen Vormerk und Blanka in den Lobpreis ein; Vormerk, der sonst nicht ruhmredig für Andere ist, hörte doch eben im Empfangssalon gar nicht auf, des Professors Vorzüge herauszustreichen, die Berühmtheit auf'm Katheder wie in der Gelehrtenwelt.

Blanka. — Und jetzt kommt die hochfeine Spitzenkante daran —

Heilbergis. Seine Würden, Titel, Orden ...

Blanka. Die der dekorirte Herr Slammant leider nur in der Westentasche tragen mag und, offen gestanden, zum Chargirtentische hätte er den Reiseanzug auch ablegen sollen.

Heilbergis. Und etwa mit einem modernen Schniepel vertauschen — würde das dem Ästhetiker, Historiker, Philosophen, und was er alles geworden, anstehen?

Blanka. Ich fange an selbst das einzusehen, wie schwer mir's fällt; so wäre auch dieser schwerentwirrte Kantenkragen aufgesteckt.

Heilbergis. Und ich bin zu dem heimlichen Selbander fertig, das dem so insichgekehrten, seltsamen

Blanka.	Gaste vorbehalten wird — denn im Salon war kein Auskundschaften möglich).
Blanka.	Aber nicht so tief und fest den Schleier um Kopf und Schulter schlingen! bitte, bitte, verdeckt zuviel Holdseligkeit!
Heilbergis.	Still doch; und er darf mich eben noch nicht erkennen, bevor ich ihm in sein verstecktes Herz geschaut. (In den Spiegel blickend) Ich bin ganz unkenntlich, ließe sich nur auch die Stimme gut maskiren.
Blanka.	Herrin, da ist er!
Heilbergis.	Bitt' ihn Platz zu nehmen (zieht sich hinter die Portiere zurück).
Blanka.	Wollen Euer Gnaden hier eintreten und Platz nehmen, meine Herrin ist alsbald da.

(Slammant ist eingetreten, Blanka ab.)

Scene 2.

Slammant. Heilbergis.

Slammant (allein). Recht urbehaglich dieses Zimmer
Mit seiner Deckenwölbung; Holzgetäfel
Der Wände; Teppiche; der Möbel Zier;
Und der Kamin, darin es heimlich glimmt
Und flackert. Dieser Lehnstuhl ladet mich
Zum Sitzen ein; ja, hier laßt uns verharren
Und die Gedanken sammeln, die zerstreut
Ins Unerklärte schwirren, seit ich heut

Das Schloßrevier betrat. Ich will vorerst
Jedweden Eindruck rekapituliren.

(Heilbergis tritt ein, sie spricht mit verstellter Stimme.)

Heilbergis. Ei recht so, hochverehrter Herr und Gast,
Sie finden mich wie zu romantischem
Selbander kostümirt.
Flammant. Mir schätzenswerth.
Heilbergis. Nur bitte doch den Platz auch zu behalten,
Es ist ein wirklich heimliches Asyl,
Wenn auch verfrüht das Polster am Kamin
Zur Sommerszeit.
Flammant. Es ist der Platz für einen alten Mann,
Deß Bart und Haar auf Winterzone deutet.
Heilbergis. Das wäre zu bestreiten —
Flammant. Ist leider vollerwiesen; bin ich doch
Sogar nicht mehr wohlangethan, die Fülle
Von Vorstellungen und Begebenheiten
Zurechtzulegen.
Heilbergis. Ei, das glaub' ich gern,
Wir sind auch eben hier noch lange nicht
Aus aller Wirrniß der Begebenheiten
Im Ruhepolster der Beschaulichkeit,
Vielmehr erwartet unsre Festgefährten
Noch manches überraschend Vorgestellte —
Die restaurirte Pracht der Schloßgemächer,
Dazu die stylgerechten Trachten — wenn
Es Ihnen zusagt, Herr Geheimerath.

Flammant.	Nur, Gnädigste, wenn eine Gunst zur Wahl,
	Dann, bitte, die, doch nicht durch diesen Titel
	Das Trauliche der Scene zu gefährden.
Heilbergis.	Wie darf ich Euer Gnaden nennen, da
	Gar viele Titel Ihnen angehören.
Flammant.	Ich heiße Humbrecht.
Heilbergis	(mit unverstellter Stimme). Flammant, denk' ich!
Flammant.	Wie!
Heilbergis	(mit verstellter Stimme).
	So hört der Herr den Namen nicht mehr gern?
Flammant.	Nur allzugern, ich bin darauf als Fuchs
	In Heidelberg getauft; ein ganzer Lenz
	Voll Lusterweckung! — aber alt geworden
	Ist all das, 40 Jahre her; jedoch
	Woher nur wissen Sie . . .
Heilbergis.	Ganz einfach, mir
	Hatte der Herr Student, der vorher kam,
	Den Namen auf Befragen anvertraut,
	Denn hier heißt alles heute „nach Comment".
Flammant.	Entzückend — aber immer mehr verwirrt — —
	Ich muß hinaus, mich rufen Geister auf
	— Aus dieser engen Klause — die nicht Raum
	In einem Grottenschachte fänden, wenn er
	So hoch und weit geklafft, wie nach der Sage
	Der Königsschacht hier unterm Schloße!
Heilbergis.	Verziehen Sie nur kurze Zeit dahier
	In „enger Klause", bald dann nimmt uns auf
	Der Königsschacht tief unter diesem Schloße,

     Der keineswegs nur in der Sage lebt.
     Sie sollen all den Ausputz kritisiren
     Und werden sehr das Komité zu Danke
     Verpflichten —

Flammant.   Bitte, steh' zu Diensten —
     Ich weiß nicht, ob das alles wirklich ist
     Und nicht ein Täuschungsspiel.

Heilbergis.   Ja, wüßte man,
     Was wirklich ist und was nur Täuschungs-
     spiel
     Im Leben; doch das klingt nicht heiter ein
     In unsern Festtag.

Flammant.   Immer deutlicher
     Tritt mir ein Lichtbild vor das Seelenauge ...

Heilbergis. Nun, was denn? Und Sie sehen groß mich an,
     Als wie das Wunder einer Offenbarung.

Flammant. Wollen Sie's glauben, als ich Farbenfuchs
     Zum ersten Mal das Schloßgebiet betrat,
     Just wo wir heut am Glücksthor uns
     getroffen,
     Kam aus dem Epheudunkel die Gestalt (Pause)

Heilbergis. ... Ob das nicht etwa Sinnestäuschung war,
     Oder vielleicht ein Spuk vom alten Schloß
     — Es soll hier umgeh'n, sagt' ich unten schon,
     Sie glauben aber gar nicht an Gespenster?
     Ich auch nicht, pflicht' ich Ihnen bei —
     So sahen Sie vielleicht ein Traumgesicht,
     Es träumt sich hier so süß in Heidelberg.

Flammant. Wenn Traum, so war er äußerst lebensvoll
Und hat mein Wachen allzeit und mein Thun
Mein Leben lang in Wirklichkeit bestimmt.
Denn was ich je mit Wort und Schrift gewirkt
Und meinen Hörern vom Katheder aus
Docirt an Kunst- und Weltgeschichte,
Das that ich im Verfolge der Berufung,
Die mir in Heidelberg geworden;
Und mein ganzes Streben war, ein hier er-
kanntes Ideal den
Menschen zu vermitteln — —
(Er wendet sich ab in sich gekehrt; Heilbergis nimmt auf dem Polster
des Auftritts Platz.)
— Es wird mir auch
Die Gunstgestalt ein Merkziel immer sein
Und mir den Schluß versüßen — glaub' ich
fest —
Wie sehr uns Zeitverlauf und Tagesblende
Dem Wunderheim entrücken; ja, sie wird,
Wie sie mir das verheißen hat, am Schluß
Den Traum verwirklichen im Weihekuß.

Heilbergis (mit unverstellter Stimme). Du treuer Paladin!
(Flammant fährt auf, sie wirft den Schleier ab, er tritt zu ihr hin,
sinkt auf das Knie, sie zieht ihn sanft an sich.)

Flammant. O süßer Ausklang; See von Heidelberg!
Heilbergis. Hebe das Haupt, noch bin ich nicht gekommen,
Den Endaccord zu stimmen, denn das Leben
Bescheidet Dir an Lust und Herzens-Hebung
Ein überreiches Theil. So wisse, heut

Am 100jähr'gen Jubelfest ist hier
Der Geisterbann gelöst, und in den Tag,
Der Sessel ledig, schwärmen Traumgestalten,
Die nach Naturgesetz der Jugend nur
Erscheinen und den Pulsschlag der Studenten
Beflügeln in der überreichen Zeit
Des Musentanzes —
Die Geister halten Umgang heut mit Euch,
Ihr mitleidslos enterbten Erdensöhne,
Ihr weihevollen Exmatrikulirten!

Scene 5.

Dieselben. Blanka (in modernem Ballstaat tritt rasch ein, zögert aber, heranzukommen).

Beilbergis. ... Blanka, Du kommst mit einer Meldung;
Und bist doch heut vom Hofdienst dispensirt.

(Slammant erhebt sich, nimmt auf Beilbergis' Wink neben ihr Platz.)

Blanka. Hohe See von Heidelberg, ich komme nur pflichtschuldigst zu melden, daß die Repräsentantentafel mit allem Beirath von historischem Gefäß, Geschirr und Gedeck hergestellt ist.

Beilbergis. Mein Dank dafür, daß Du die Tagespflicht Mir abnahmst, während ich in Muße schwärmte. Gesteh' aber ehrlich, es drängt dich weit mehr zur Gavotte, die doch nach der Chargirtensitzung stattfindet.

Blanka. Holde See, wenn ich ja sagen soll, so entledige ich mich hiermit dieser Pflicht auf das eifrigste.

Scene 4.

Dieselben, Vormerk, 5 Repräsentanten, Rittersporn und Lindenblüt.

Heilbergis. Chargirtentafel!
(Blanka öffnet links die Seitenthür, aus welcher Zwerge eine reichgeschmückte Tafel hereintragen, diese setzen sie vor den Auftritt und gehen ab; Blanka öffnet die Mittelthür und ab; durch die Mittelthür treten ein: voran Rittersporn und Lindenblüt, dann die 6 Chargirten aus 1386, 1486, 1586, 1686, 1786 und Vormerk im Staat, sie verneigen sich und nehmen auf Heilbergis' Wink Platz an der Tafel.)

  Repräsentanten der Jahrhunderte,
  Schon seit Jahrhunderten besteht der Brauch,
  Den wir am Jubelfeste heut begehen,
  Und ich eröffne die Chargirtensitzung!
  (Flammant will sich zurückziehn, Heilbergis hält ihn auf.)
  Doch Du, mein Paladin, bist auserlesen
  Zum Obmann, der der Tagesordnung waltet;
  Sofern Ihr einverstanden, saget ja!

Die 6 Chargirten.   Ja!

1786.   Hohe See von Heidelberg, darf nun
  Wie sonst der Troubadour mit Weihelied
  Die Herrscherin begrüßen?

Heilbergis.   Gern gewährt!

1386 (singt mit Harfenbegleitung).
  Was hat die Edelmaid im Sinn?
  Ihr Auge spielt in Wunderschein,
  Das ist wohl eine Zauberin
   Mit blauen Blümelein;
  Sie mustert den Studententroß,

Dem schmuckften Burschen winkt sie fein,
Bewirthet ihn auf hohem Schloß,
 Wie's köftlich nur kann sein.
Begnadet ihn mit Gunft gar hold
Und überirdisch lieb, juhei!
Daß er sich giebt in Minnesold
 Der Heidelberger Sei.
Doch ganz in anderm Huldverband
Alswie zu Kosens Narretei,
Denn bald schickt sie ihn aus ins Land,
 Daß er ihr Ritter sei.
Zu ringen für ein Ideal,
Das hochentrückt im Herzen flammt;
Die Widersacher sind zuthal
 Pedanten insgesammt.
Und nur so Du beftehft den Schwall
Der Alltagsmenschen im Turnei,
Bift Du der rechte coeur vasall
 Der Heidelberger Sei.

Heilbergis. Ein Smollis Dir!
1386. Siducit, holde See!

(1386 klingt mit seinem Becher bei Heilbergis, sodann bei den
 Chargirten an.)

Heilbergis (zu Slammant). Stärke Dich und der Luft befiehl
 Dein Herz!
(Zu den Andern) Es sei die Tagesordnung festgesetzt:
 Ihr sollet jetzt ein jeder nach der Reihe
 Den Überblick der Zeitbestrebungen

> Aus Eurer Ära mir vor Augen führen;
> Und wessen Zeit den reichsten Inhalt
> beut,
> Dem lohnt der Epheukranz und Veilchenstrauß,
> (Lindenblüt bringt Kranz und Strauß auf dem Tablett)
> Der trägt den Siegesschmuck das Fest
> hindurch.
> Nun stärket Euch zum Redemeisterstück,
> Das Ziel ist angestrengter Mühe werth.

(Rittersporn gießt Feuerflüssigkeit in die Goldpokale, welche von den Chargirten geleert werden; Flammant tritt eine Stufe vom Auftritt herunter.)

Flammant. Am Wort ist 1386.

1386 (erhebt sich). In meiner Brust klingt's nach von Harfen-
> spiel
> Und wunderholdem Minnesange,
> Ach, aber unser Edelhof zerfiel
> Im Zeitensturm schon lange.
> Nun gilt es schweifen in die Fern,
> Das Ziel will weiter sich entrücken,
> Wir nisteten wie müde Schwalben gern,
> Allein es will nicht glücken.
> Ich bin zu Ritterdienst gefeit,
> Die blaue Blume wähl' ich als Agraffe.
> Dem Frauenlob ist ganz mein Herz geweiht
> Und meiner Ehr' die Waffe.

Die anderen Chargirten. Smollis!

1386.   Fiducit!

(Alle trinken, während Rittersporn aufwartet.)

Heilbergis (heimlich zu Flammant). Der spricht Dir tief zu
                                                                          Herzen?
Flammant.   . . . Jetzt am Wort
           Ist 1486.
1486.   Wißt Ihr, wie von unsrem Sternbildbogen
           Allgemach das Räthselhafte schwand,
           Als am Horizont die Lichtmeerwogen
           Aufgetaucht aus Rom und Griechenland?
           Pergamente, die wir reden machten,
           Haben neu die Wissenschaft fundirt,
           Marmorschätze, die wir mühsam brachten,
           Wahren Kunstgeschmack reetablirt.
           Dingfest in der Scholiasten Starrheit
           Der Gesichtskreis rings gewesen ist,
           Bis Erasmus der Kathedernarrheit
           Den Garaus gemacht, der **Humanist**!
Die anderen Chargirten.   Smollis!
1486.   Fiducit! (Sie trinken.)
Flammant (beiseit). Ein Geck vom Scheitel bis zur Zeh'.
                                   (Laut) Am Wort
           Ist 1586.
1586.   War denn nicht Eure Gepflogenheit
           Gleich dem heimlichen Treiben der Pfaffen?
           Aber nicht Kunst noch Gelehrsamkeit
           Entwandte der Hölle die Waffen.
           Sondern im **reinen Glauben** allein
           Führt offen die Leiter zum Himmel hinein,
           Laßt den Luther nur ehrlich schaffen!

Die anderen Chargirten.   Smollis!
1586.   Sibucit! (Sie trinken.)
1786.   Die Sprache lob' ich mir und ...
Flammant.   Erst am Wort
                Ist 1686, bitte.
1686.   Die Kriegsbraut hielt in Deutschland Hochzeit-
                                  staat
                Auf Trümmern, Brandstatt u. zertret'ner Saat;
                Seit Schwed' und Franzmann nun ins Land
                                  gekommen,
                Geht's mit der Wirthschaft hier verteufelt
                                  schlecht;
                Was nützt uns Hugo Grotius' Völkerrecht?
                Der Waffenschmied allein kann uns noch
                                  frommen!
Die anderen Chargirten.   Smollis!
1686.   Sibucit! (Sie trinken.)
Flammant.   Nun bitte, 1786.
1786.   Ei, mein Herr Opponent, es hat kein Waffen-
                                  schmidt
                Den für den Zeitenbruch erforderlichen Kitt;
                Denn unsre Rissigkeit hat innen ihren Sitz
                Im Kopf und Herzen tief — Ihr nennt das
                                  Aberwitz?
                Doch Kniefall, Rückenkrumm, umdüsterter Ver-
                                  stand
                Ward unsrer Ära Fluch; in Zwangsjack' steckt
                                  das Land.

So lag der Zeitgeist lang am Alpdruck tief
　　in Nacht
Und Belzebub hat drob schon überlaut gelacht;
Bis endlich nach und nach der Schläfer auf-
　　gewecht,
Die Augen blinzelnd rieb, sich in die Höh'
　　gereckt.
Da stand der Freigeist da, der spann
　　Philosophie,
Und sein Protektor war der Fritz von Sansfouci.
Die Fensterladen macht' er auf im ganzen
　　Haus,
Und Licht drang ein, das treibt die Spuk-
　　gespenster aus!

Die anderen Chargirten. Smollis!
1786. 　　　　　　　　　　Sibucit! (Sie trinken.)
(Heilbergis blickt, Beifall winkend, auf Flammant.)
1586. 　Mein Bravo, 1786!
1786. 　Ja, Du behelmter Geist, Du munt'rer Disputant,
　　　Bist in der Weltmensur mein bester Sekundant.
Flammant. Die Diskussion ist jetzt noch nicht eröffnet,
　　　Das Wort hat 1886.
Vormerk. Wie kommt die Gegenwart da noch zum Wort,
　　　Wo das Vortrefflichste vorweggenommen?
　　　Da hilft mir einer nur als Rath und Hort,
　　　Und der ist immer noch zurechtgekommen.
　　　Nun — Bismarck meint: was uns das
　　　　　Einst gelassen,

Mag klug die Gegenwart zusammenfassen.
Der Minne süßen Grundton (auf 1386 weisend);
dann das Erbe
Von Rom und Griechenland; des Glau-
bens Reinheit (auf 1486 und 1586 weisend);
Die Einsicht dann, daß uns der Feind verderbe,
Sofern sich Deutschland nicht ermannt zur
Einheit (1686);
Dazu zuletzt der aufgeklärte Geist (1786),
Der unsrer Zeit die höchsten Bahnen weist.
Fürwahr, so ist's; die Saat aus vordern
Zeiten
Als voller Erntesegen heut geräth;
Das Deutsche Reich, es prangt in Herrlichkeiten
Voran mit unsres Kaisers Majestät!
Und ihm denn weih' ich mich mit Herz und
Hand
In Pflichterfüllung für das Vaterland!

(Heilbergis und Stammant, welche einander anblicken, applaudiren;
auf Heilbergis Wink Tuschmusik; hierauf tritt eine Pause ein.)

Heilbergis. Nun denn, Ihr lieben und vortrefflichen
Chargirten, nach dem letzten Red'erguß
Bedarf's nicht weiterer Erörterung,
Denn Vormerks Ära hat die Lorbeer-
beute!

(Auf ihren Wink tritt Vormerk heran und empfängt von ihr den von
Lindenblüt dargereichten Kranz und Strauß; Heilbergis, Stammant
und Vormerk stoßen mit den Pokalen an; Vormerk tritt zur Tafel
zurück, will mit den Chargirten anstoßen, was diese zurückweisen.)

Heilbergis. Repräsentanten, unsre Sitzung ist geschlossen.
(Die fünf Chargirten stehen auf, sie sind mit Vormerk im Wortwechsel.)
Heilbergis (zu Flammant). Mein Lob hat sie verletzt.
Flammant. Es kann nicht sein, das Lob war geboten, über jeden Zweifel erhaben, Vormerk mag nur persönlich, wie er zur Sache sprach, ihren Widerspruch hervorgerufen haben.
Heilbergis. Sie haben ihm das Smollis versagt und gar den Becherbescheid, sie sind heftig erregt, Rittersporn hat ihnen vollauf geschenkt, dagegen kommt Lindenblüt nicht auf; wenn die Chargirten in Streit ausbrächen, Flammant, das darf nicht sein!
Flammant. Hier bleibt platterdings nur das eine übrig, daß man den Raufbold von innen bändigt; in jungen Jahren brachte ich das wohl leicht zu stande am — sit venia verbo — Kneiptisch.
Heilbergis. Laß ihn spielen, den Jugendmuth!
Flammant. Ich versuch's mit einer „Bierrede".
Heilbergis. Ja doch, hier das Rüstzeug, ein Schwabencerevis und Rapier.
Flammant (an den Tisch tretend). Silentium!
Im Gunstbefehl der See von Heidelberg!
(Heilbergis winkt Beifall und verläßt das Zimmer; Stimmengewirr der Chargirten.)
Stimmen. Arroganz! Karte! Vor die Klinge!
(Die Chargirten ziehen blank, Rittersporn und Lindenblüt flüchten, ab.)

Scene 5.

Dieselben, (dann) Rittersporn, Lindenblüt, Heilbergis, Blanka, 5 Balldamen, Zwerge.

Flammant (auf den Tisch schlagend). Silentium! Seid Ihr auf'm Paukboden in der Hirschgasse oder im Gastgemache unserer Holdin?

Daß heut ein Fest ganz ausnahmsweiser Art ist, wo in den Tag das Nachtgestirn hereinwirkt, und die Geisterwelt den Menschen sich gesellt, wer ist so stumpf, daß er's nicht merkt? Und diesen Tag wollt Ihr mit Eurer 500 Jahr alten Zänkerei und Haderlust entweihen? Weg mit den Klingen, ad loca, Gläser vor, Stoff her!

(Lindenblüt mit einem Kruge tritt zaghaft auf, ein Zwerg drängt sie vor.)

Zwerg. Ihr zittert die Elfenstimme allzusehr, als daß sie die Frage verlautete: „wünschen Sie vielleicht Ambrosia?"

Flammant. Wie kommt sie mir für?

1786. Valralra!

Flammant. Bring' sie bayrisch Bier!

1786. Valralra!

Stimmen. Ewig bayrisch Bier, jucheissasa!

1786. Ein Smollis dem Herrn Sprecher!

(Zwerge schaffen eine Biertonne herein, Lindenblüt bedient die Tafel.)

Flammant.	Siducit! Brüder, beim Semesterreiben dann gleich kommt 1386 mit seinem Tausend dran.
	(Beifall der Chargirten, sie setzen sich.)
	       Es soll
	Den Friedensbund bezeichnen, den wir heut
	Besiegeln, den abnormen — denn
	Ob Corps, ob Burschenschaft, ob Sonder-
	      bund,
	Ob unverbunden; jeglicher Student
	Ist blutsverwandt und giebt den Bruderkuß
	Dem anderen! (Applaus von einigen.)

1586.	Alter Herr, es sind hier aber noch Dis-krepanzen.

Flammant.	Ach so, nur heraus damit, grade recht, denn von heut an geht jeder mit jedem los, wo's nöthig ist.
	(Großer Applaus aller Chargirten.)
	       Und wie
	In Hellas das olympische Weihespiel
	Die Jugendblüte Griechenlands verband,
	So sei auch uns der Festestag gesegnet,
	Und was dem Einzelnen als Kranzesbeute
	Beschieden ist an preisgekröntem Vorzug,
	Kommt der Studentenschaft gesammt
	      zu Gut.

1686.	O weh, da wird mancher wackre Bursch pausiren müssen, wenn es ans Federfuchsen geht. (Er schlägt Lufthiebe)

Flammant (dessen Klinge bindend). Bruder, laß Dir sagen,
Daß jegliche studentische Errungenschaft gemeint ist,
Alles auch, was ein **Philisterkoder** sonst bedroht mit
Karzer! (Bravo der Chargirten.)
Also jede Schneidigkeit; kreuzweis Blutige, schockweise Nadeln, riesiger Turkel in Abfuhr-
Schmissen (lebhafter Applaus),
Das kommt ins Album der Studentenschaft;
Das ist ein kolossales Kronikbuch —
Daß unser großes Saß von Heidelberg
Ein Tintenfaß dagegen ist (Applaus), daran
Der Zwerg emporkriecht und die Schreibefeder
Nicht mal mit beiden Händen führen kann,
Denn sie ist länger als ein Götterbaum!
(1686 applaudirt lebhaft.)
Ja, und als ersten Vorgang verzeichnen wir in dieses ökonomische — wollte sagen ökumenische Conto — na? — den heutigen
Sest-Durst! (Stürmischer allseitiger Applaus.)
Und gleich dahinter steht, daß Ihr **Chargirten**
Conträrer Farben aus 500 Jahren
Euch liebumfangen habt im Bruderkuß,
Wie das der Wunsch der See von Heidelberg.

Stimmen. Der alte Herr spricht wie ein Buch, wie zwei
Bücher.
Also, Brüder!

(Sie umarmen sich; es treten ein: Heilbergis, gefolgt von 6 Balldamen
in dem den Chargirten entsprechenden Kostüm, Blanka in moderner
Ballrobe; Rittersporn und eine Anzahl Zwerge mit Musikinstrumenten.)

Heilbergis. Chargirte! Die Musik beginnt die übliche
Kavotte.

(Die Zwerge schaffen die Tafel hinaus, stellen sich als Musiker an, die
6 Paare treten an und führen einen Courentanz auf, der im Nebenzimmer
fortgesetzt wird; Heilbergis und Slammant haben im Polster auf dem
Auftritt Platz genommen.)

Scene 6.
Heilbergis und Slammant.

Heilbergis. O Slammant, wie Du mir da jetzt erscheinst,
Bist Du der köstlichste Student von einst.
Slammant. Ich bin es nur, Du wunderholde See,
Im Zauberbann von Dir, in dem ich steh'.
Heilbergis. Ja, bliebe nur solch Aufschwung allen Zeiten,
Verflüchteten der Zukunft Sährlichkeiten.
Jedoch, wer weiß, wie's ist beim nächsten Seste.
Slammant. Die deutsche Gegenwart verheißt das Beste;
Dein Zauberreich auch muß besteh'n, solange
Sich Wirklichkeit verschwistert dem Gesange.
Heilbergis. Wie das? Und was gilt als vorausgesetzt?
Gilt Phantasie? Gilt Wirklichkeit zuletzt?
Slammant. „An sich" nicht dies, nicht das, doch beide sind
Ein gleichsam gleichberechtigt Erdenkind.

Heilbergis.	Nein, solche Gleichung stimmt mir nun und nie, Dann wäre Prosa gleich der Poesie?
Flammant.	„Berechtigt" fügt' ich bei, Du holde See ...

(Heilbergis hält sich tändelnd die Ohren zu)

Heilbergis.	Ich höre nicht mehr zu, versteh'! versteh'! Nun kommt als Folgerung hinzugesetzt: Daß „gleich" Philister und Student zuletzt! Und unser sinniges Gedankenspiel Wie wilde Kinder in den Graben fiel.

Scene 7.

Dieselben, ein Zwerg, die sechs Paare, Rittersporn und Lindenblüt, Zwerge.
(Ein Zwerg stürmt überhastig herein, stolpert über den Teppich, stürzt hin, lamentirt; es kommen herein die sechs Paare, Rittersporn, Lindenblüt, Zwerge, diese heben den Hingestürzten auf.)

Heilbergis.	Was giebt es Überstürztes?
Zwerg (unter Schluchzen mit rauher Stimme).	Hohe See von Heidelberg, der langmächtige Druide wartet auf mit Botschaft von Deinem königlichen Vater, dem allesbeherrschenden Elfenkönige Albrich und wer weiß noch von was für anderen Hoheiten!
Heilbergis.	Wie spaßhaft auch die Meldung zugetragen, Sie will uns etwas Ernstgewicht'ges sagen, Und aus dem Reigen, Tändelspiel und Schmaus Treten wir in die Staatsaktion heraus. Man führe den Gesandten mit Geleit In unsern großen Königssaal, woselbst

Die Botschaft wir entgegennehmen und
Das Fest beginnen soll. (Zwerg ab.)
                         Wohlan, wir gehen
Und dann im vollen Staat auf Wiederseh'n!
(Stammant, die sechs Paare, voran die Zwerge mit Musik nach links, Heilbergis, gefolgt von Rittersporn und Lindenblüt, nach rechts ab.)

Act III.

Felsengrotte.

Links und rechts ein Balkon, unter ersterem ein Felsenauftritt mit Thronsitzen; eine Steintreppe führt von der Mitte aus auf einen Plafond mit Portal.

Scene 1.

Die beiden Elfen und 3 Nixen (auf dem Balkon rechts), die 6 Balldamen (auf dem Balkon links); Flammant und die 6 Chargirten im Saale mit Anordnungen beschäftigt, dabei Zwerge mit Fackeln.

Wiesenelfe. Gruselig im großen Saale,
Der so leer und halb verdunkelt.

Waldelfe. Und darin — wie zähe Nebel
Den Entscheidungstag verhüllen —
Treibt die Bangigkeit ihr Wesen.
Bis ein drängendes Ereigniß
Gunsterfüllt zu Lichte ringt.

I. Nixe. Viele freilich sind erwartet
Und gar hohe Potentaten,
Heißt es.

II. Nixe. Unser Elfenkönig
Bringe mit die Bergbeherrscher
Königsstuhl und Melibocus,
Geisberg auch.

III. **Nixe.** Die Wassergeister,
Machtgewaltige Gekrönte,
Neckar, Main, sogar den Rheinstrom!
Wiesenelfe. Aber dort der blaue Lichtschein.
Waldelfe. Still, die See von Heidelberg!

Scene 2.

(Auf dem Felsenauftritte links treten auf: Heilbergis als See [mit Epheumantel und Diadem], Druide, gefolgt von Rittersporn und Lindenblüt; vom Balkon [rechts] wird entgegengewinkt; Flammant und die 6 Chargirten eilen herbei.)

Alle. Die See von Heidelberg!
Heilbergis (dankt, sie ist voll Eifers).
Hochwürdiger Druide, wolle nun
Die Stimme heben, die das ganze Land
Erfüllt, wie Sonnenschein dem Erdkreis
Am Morgen offenbar wird und den Schlaf
Von allen hingestreckten Müden streift —
Auf daß dahier jetzt die Berufenen
Sich sammeln und die hohen Geisterfürsten,
Deren Erscheinen unser Fest beehrt,
Die volle Heerschar überblicken mögen
Mit allem Siegesschmuck.

(Druide verneigt sich und steigt langsam einen Felsenvorsprung hinan.)

Die Blumenspende
Folgt allgemach der ersten Mühen-Wende.
(Zu den Elfen)
Spähet nur fleißig nach dem Königszuge,

Daß wir nicht überholt von raschem Fluge.
(Zu den 6 Chargirten)
Ihr Kavaliere seid sodann gebeten,
Mich hier vor meinen Gästen zu vertreten,
Indessen mich zu meines Vaters Stufen
Empfangespflichten in die Höhe rufen;
Es kommen mit ihm mächt'ge Krongewalten,
Daß mir schon bangt, vor solchen hauszuhalten.
(Zu Flammant)
Flöße mir Muth ein, bleibe mir zur Seite,
Auf daß ich diesen Hoftag wohl bereite.
(Die sechs Chargirten haben sich im Saale vertheilt, Rittersporn und Lindenblüt haben Zwerge dirigirt.)

Scene 5.
Dieselben.

Druide (mit markiger Stimme ringshinrufend).

Auf denn, erwachet,
Ihr Hingebetteten,
Die wie ein Blätterfall
Im Herbstesraub,
Also dahingestreckt
Zum Erdengrunde,
Schollen geworden
Von Triebkraft voll,
Als Saaterträgniß,
Wie neuer Samen
Der Zeitenhoffnung.

Jeden denn ruf' ich auf
Der Stammentsprossenen
Und Stammverwachsenen
Von Heidelberg.

Alle, die einstens
Der Hochschul' gehörten,
Alle, die heut noch
Die Unseren sind,
Kommt her und sammelt Euch
Aus nah und fern!

(Von rechts kommen Gestalten in Trachten aus verschiedenen Jahrhunderten [darunter Charaktermasken berühmter Heidelberger]. Alle werden von den sechs Chargirten dem Stammant zugeführt, der die Vorstellung vor Heilbergis ordnet.)

Wackrer Marsilius,
Du erster Rektor,
Und alle folgenden
Lehrer und Schüler
Von Heidelberg,
Seid hergerufen
Als Angehörige;
Und wie der Frühling
Unzählige Blumen
Des Himmelsstriches
Zum Blühen aufküßt,
So möcht' ich alle
Dem Boden Entsprossene
Heimische Lieblinge
Herzen und hegen.

Aber ich warte
Des weiteren Amtes
Gleichwie ein Hausherr
Am Jubeltage
Allen erwarteten
Gästen gehört.

Und seht, da ziehen auf
Freiburg und Tübingen,
Straßburg und München,
Marburg und Erlangen,
Gießen und Würzburg,
Bonn, Halle, Göttingen,
Leipzig und Jena,
Breslau, Berlin und
Greifswalde mit Königsberg,
Rostock mit Kiel,
Kommt, tretet ein!

Auch die verschwisterten,
Durch Grenzzug geschiedenen,
Wien, Prag, Graz, Innsbruck
Sind angelangt;
Die Schweizer Verwandten
Basel, Bern, Zürich,
Und ferner germanischer
Stammes-Verbindung:
Holland und England
Mit Schweden und Dänemark;

Auch die Romanischen:
Frankreich, Italien,
Spanien, Belgien;
Rußland sodann und die
Stämme der Slawen;
Auch die Magiarischen
Studiengenossen,
Kommt, tretet ein!

Und nicht Europa nur,
Nein, auch von drüben
Hat sie der Seelenzug
Uns zugeführt;
Vorweg Amerika,
Das mit uns vorstrebt;
All' ihr Gekommenen,
Tretet herein!

Denn nicht die Wälder,
Gebirge wie Meere,
Nicht mehr die Klüfte,
Des Erdballs Weiten,
Nicht die entfremdenden
Sperren der Zonen
Entrücken und sondern
Die Menschheit heut.

Und wer den Aufflug
Zum Ziele der Wissenschaft
Mit uns begonnen hat,

Mit uns bestrebt ist,
Der ist der Unsrige,
Der trete her!
(Rittersporn und Lindenblüt flüstern Heilbergis etwas zu, diese eilt, gefolgt von beiden Elfen, die Treppenstufen hinan.)

Scene 4.

(Indem Heilbergis oben anlangt, thut sich das Portal auf, unter Donnerrollen treten ein: Albrich, der Elfenkönig, gefolgt von 3 Berg- und 3 Flußgeistern; Heilbergis verbeugt sich tief vor allen, küßt Albrichs Hand; Druide, welcher einhält, verbeugt sich; Posaunenstöße; Jubel der Versammelten; Albrichs Winken stellt Ruhe her.)

Albrich. Weiser Druide,
Du meiner Herrschgewalt
Hort der Berathung,
Wirke hochstrebendem
Redeverlangen
Ausdruck und ebne sie
Die uns durchflutende
Gedankenbrandung,
Fahre mir fort in
Festes Verkündung.

Druide (zu den Versammelten).
Ihr lieben Söhne
Von Heidelberg,
Die Ihr dem Schoße
Der Hochschul' entsprossen,
Genährt am Busen
Der Alma mater

Von Heidelberg
Und ihrem Blute
Wie Stammes Erbe
Gemäß geworden
An Saft und Kraft.

Die Ihr gewonnen
Den Freibrief der Wissenschaft,
Wie sie den Rundblick
Rings weithin aufthut,
Die Ihr im Geiste
Gereift zur Mannheit,
Das Niedrig-Kleinliche
Allorts verachtet,
Die Ihr erlangt habt
Die Seelenweihe,
Die Ihr in Wahrheit
Durch Wesen und Wirken
Bezeugt im Leben
Den Ritterschlag.

Ob groß und machtbegabt
Einer geworden,
Ob minder geltend nur
Er hingestellt,
Ist jeder wirksam doch
Nach seiner Art;
Denn antheilsweise nur
Gilt Menschenwirken
Gleich Marmorsteinen

Am Tempelbau.
Denn nur die Stufen und
Stützen und Säulen,
Deckengefüge
Sind wuchtig groß;
Aber umrankendes,
Prangendes Schmuckwerk
Ziert und verschönt den
Fries, Knauf und Kranz.

So ist das Wirken
Verschiedengestaltig
Der Pflichtbetrauten
Erdenbewohner,
Doch jeder Einzelne,
Zum Werke Berufene
Fördert den Plan;
So nun, Ihr sämmtlichen
Kommilitonen,
Seid Ihr betheiligt
Am großen Bau.

Denn nach der Rechenkunst
Menschlicher Schätzung
Ist selten groß solch
Ein fünfhundertjähriger
Dauerbestand.

Aber mit Tausend erst
Schließt ein Kapitel

Im größten Sinngedicht
Der Zeitlichkeit.
(Er verneigt sich vor Albrich.)

Albrich (vortretend). Hochweiser Meister,
Du eichenartige
Waldkraftnatur,
Warst meiner Botschaft
Beredter Mund.
(Druide verneigt sich und tritt beiseite
Und nun, mein Töchterlein,
Liebling Heilbergis,
Nimm meinen Gruß
Am Ehrentage heut,
Der Dir gehört!

(Albrich tritt mit Heilbergis an die Treppenstufen vor; die Versammelten jubeln auf; sodann wird es auf Albrichs Wink still, Heilbergis kniet hin.)

Du holder Glücksstern
Phantastischer Weihe,
Sinnige Spenderin
Der Herzenshebung,
Die dem Studententhum
In Seelenminne
Durch Kuß der Romantik
Den Himmel aufthut!

(Rittersporn und Lindenblüt sprengen Funken aus ihren Gefäßen auf die Versammelten herab; erneuter Jubel; Posaunen blasen die Melodie des Franz Schubert'schen „Sei mir gegrüßt". Auf Albrichs Wink wird die Musik schwächer, während er fortredet.)

Und jetzt begrüß' ich Euch,
Ihr Festgefährten,

Freut Euch des Jubeltags,
Der Euch beschieden.

Und Du, schön Heidelberg,
Blühe zum Ruhme
Deiner Erlauchten
Altvordern Begründer,
Kurfürsten Ruprecht und
Karl Friedrichs Gnaden,
Auch aller leuchtenden
Zähringer Herrscher,
Die Schutzgewaltigen,
Deren Gesalbter heut
Großherzog Friedrichs
Magnifizenz!

Hochschul' von Heidelberg,
Wachse zum Segen
Des deutschen Vaterlands,
Leuchte zum Heile
Des Menschenthums
In alle Fernen,
Wie's weiter walten will
Unser Allmächtiger,
Den wir verkünden
Im Raume der Erden
Als Zeitenschmuck.

Chor der Geister (mit kräftiger Posaunenbegleitung).
Wie's weiter walten will

   Unfer Allmächtiger,
   Den wir verkünden
   Im Raume der Erden
   Als Zeitenschmuck.
Albrich (winkt, Muſik ſchweigt).
   Und nun entflammet
   Des Feſtes Fackeln!

(Zwerge, überallhin vertheilt, entzünden bengaliſche Flammen; Albrich, Heilbergis an der Hand, gefolgt von den Geiſterfürſten, kommt langſam die Treppe herunter, dazu ſpielt die Muſik den Marſch aus Richard Wagners Götterdämmerung; von den Galerien kommen die Damen, Elfen und Nixen in den Saal; unten angekommen nehmen Albrich und die Geiſterfürſten auf den Thronſeſſeln des Felſenauftritts Platz; während ſich die Verſammelten im Halbkreiſe ordnen, tritt Heilbergis an Flammant.)

Flammant. Wie, hohe See, im übervollen Saal
   Haſt Du mich nicht verloren?
Heilbergis.   Du zumal,
   Flammant, biſt mir erkoren;
   Wie wahrgewordne Lieblingsträumerei'n
   Leuchtet es mir aus Deinen Augen ein:
     Das Seelen-Sinngrün iſt die blaue Blume,
     Die ſich entfaltet im Studententhume.
   (Sie reicht ihm aus ihrem Diadem eine Blüthe.)
Albrich (winkt, alles drängt näher).
   Thuet dem Jubel
   Den Thorweg auf!

(Der Hintergrund öffnet ſich, und man ſieht durch die Säulenſtützen und Treppe hindurch in ſonnenheller Beleuchtung das Landſchaftsbild Heidelberg [Stadt, rechts Berge, links Schloß]. Die Verſammelten ſtimmen das Lied an: „Vom hoh'n Olymp herab ward uns die Freude", während der Vorhang fällt.)